CONSIDÉRATIONS

PHILOSOPHIQUES

SUR

LA PUISSANCE PATERNELLE

PAR P. M. LAURENT, AVOCAT.

VALENCE,
L. BOREL, IMPRIMEUR-ÉDITEUR
DE LA REVUE DU DAUPHINÉ.

M DCCC XXXVII.

CONSIDÉRATIONS

PHILOSOPHIQUES

SUR LA PUISSANCE PATERNELLE [1].

La loi n'a d'utilité qu'autant qu'elle répond à un besoin social, profondément senti, ou près de l'être.

La loi n'a de puissance qu'autant qu'elle est conforme à la tendance générale des esprits, et qu'elle est sanctionnée, non-seulement par les suprêmes pouvoirs de l'ordre politique, mais aussi par la souveraine autorité de l'ordre moral, par *la reine du monde*, l'opinion publique.

Il y a bien long-temps qu'on l'a dit : les lois, sans l'appui des mœurs, demeurent infructueuses. *Quid leges sine moribus vanæ proficiunt?* Quand Horace s'exprimait ainsi, il assistait aux élucubrations législatives d'un pouvoir nouveau, qui épuisait toute la sève de sa jeunesse à de vains efforts pour arrêter, à grands frais de dispositions pénales ou rémunératoires, et à force de réglemens et de statuts, la décadence d'une société qui mourait de vieillesse.

Cette situation n'est pas sans quelque analogie avec la nôtre : aussi me permettrai-je d'appeler un instant sur elle l'attention du Congrès. Cela m'engagera nécessairement dans une digression que l'on trouvera longue peut-être, mais qui m'a paru indispensable pour bien établir et pour expliquer l'opinion que j'ai adoptée sur la question que j'essaie de résoudre.

---

(1) Ces *Considérations* ont été lues au sein du Congrès méridional, dont la troisième session a eu lieu à Montpellier. Le Congrès avait posé la question suivante : *Y a-t-il lieu, ou non, d'augmenter la puissance du chef de famille?*

Rome, veuve de ses grands hommes, avait vu partir ses Dieux. Si leurs statues ornaient encore les murailles du Capitole, où la pompe des sacrifices cachait mal la détresse des croyances, l'esprit divin n'habitait plus avec ces idoles. Il avait fui pour toujours des temples où ses interprètes *ne pouvaient plus se regarder sans rire*, et il avait emporté avec lui le principe des vertus antiques et de l'austère moralité qui avaient fait la force et la splendeur de la république.

En cet état, les premiers empereurs, parmi lesquels on compte des hommes de génie, des philosophes et même des sages, ont beau lutter contre les progrès effrayans de la dissolution sociale : leurs édits, soit qu'ils ordonnent, soit qu'ils prohibent, ne peuvent ralentir, ni par l'appât des récompenses, ni par la crainte des peines, le mouvement général qui entraîne le peuple et les grands, à travers les débordemens de l'égoïsme, à la ruine de la patrie.

En vain César et Auguste, pour mettre un frein à la corruption universelle, rétablissent la censure et veulent même être censeurs ; en vain les lois *Juliennes* flétrissent le célibat, qui déprave et dépeuple l'empire ; en vain les primes d'encouragement sont prodiguées aux deux sexes, pour les inviter aux douceurs du mariage et aux jouissances de la paternité : « La loi d'Auguste, dit Mon-
» tesquieu, trouva mille obstacles, et trente-quatre ans après
» qu'elle eut été faite, les chevaliers romains lui en demandèrent
» la révocation. »

Que cette impuissance de la législation impériale ait confondu et désespéré les historiens et les poètes qui s'inspiraient des souvenirs de l'ancienne Rome, et que le spectacle des mœurs contemporaines pénétrait d'une indignation d'autant plus vive, qu'ils ne pouvaient concevoir d'autres vertus que celles dont ils déploraient la perte, nous ne devons avoir ni étonnement, ni blâme, pour cette douleur et pour ce désespoir. Lucain et Juvénal, Tacite et Suétone, stygmatisent les tyrans ou gourmandent les vices, rappellent les beaux-jours ou peignent l'agonie de la ville éternelle, comme Jérémie pleure sur les malheurs et les égaremens de la ville sainte. Mais qu'était-ce, après tout, que ces vertus antiques tant regrettées ? et ces institutions politiques, et ces doctrines religieuses qui emportaient avec elles d'impérissables hommages ?

Loin de nous, sans doute, la pensée d'atténuer l'immensité de la tâche civilisatrice accomplie par *le peuple-roi*, sous la double influence des superstitions mythologiques et de l'aristocratie. L'histoire l'atteste : sans l'orgueil héréditaire du patriciat, et sans la crédulité populaire qui plaçait le Capitole sous la protection particulière du plus puissant des Dieux, pour ranger ensuite le monde entier sous la domination du Capitole, les armes romaines n'auraient pas retenu pendant sept cents ans la victoire sous leurs drapeaux, elles n'auraient pas élevé ce gigantesque empire, qui embrassa l'univers alors connu, et dont la majestueuse unité, quoique appuyée seulement sur le pouvoir du glaive, servit si bien l'établissement de l'unité spirituelle que vint fonder le christianisme.

Mais tout en partageant la répugnance et le dégoût que témoignent les admirateurs trop absolus des Fabius, des Scipion et des Émile, en voyant tomber les souillures de l'empire sur les glorieux monumens de la grandeur républicaine, il est permis de se demander si cette dégénération hideuse, durant laquelle l'héritage de tant d'illustres citoyens se dissipe dans une longue et vaste orgie, ne fut pas néanmoins la condition inévitable d'une complète régénération ?

Dieu n'a pas voulu que l'esprit humain arrivât à son apogée sans s'arrêter, sans combattre et sans souffrir. Il l'a soumis au contraire à de dures épreuves ; il l'a condamné à faire halte, et quelquefois même dans la boue et dans le sang.

Ne nous plaignons pas de cette dure nécessité imposée par la providence. C'est l'aspect, le contact, le sentiment du mal, qui nous fait désirer plus vivement, poursuivre et réaliser le bien. A défaut de lutte et de contrariétés, l'homme, dès le premier jour de son apparition sur la terre, se serait endormi dans une quiétude inaltérable, et toutes les puissances de son ame, éternellement assoupies, faute d'être réveillées par le malaise ou le besoin, n'auraient jamais dépassé les bornes de leur nullité primitive.

Ainsi, en le soumettant au travail, à la douleur et à la mort, la providence ne fit que le contraindre à développer ses facultés et son génie, que rendre plus puissans sur lui les leçons de l'expérience et l'attrait du plaisir, et que doter l'espèce humaine d'une perpétuelle enfance, par le mouvement successif des générations.

Voilà ce que nous a enseigné la philosophie, en substituant le principe de la *perfectibilité* au dogme de la *dégénération;* principe fécond et sublime, rationnel et religieux à la fois, qui restitue à l'essence divine la plénitude de ses attributs, en même temps qu'il rassure la nature humaine sur son origine et sa destination.

Voilà les premières conséquences de cette doctrine *du progrès*, que la raison contemporaine a acceptée, comme *la plus noble croyance des temps modernes*, parce qu'elle réjouit et élève l'homme, au lieu de le contrister et de l'abaisser, parce qu'elle lui révèle le secret de sa grandeur et de sa force, et qu'elle lui donne la confiance et l'espoir en échange de ses terreurs et de son humilité.

C'est à la hauteur de cette croyance qu'il faut se placer, pour saisir et pour apprécier le spectacle de la décadence de la société romaine; c'est de là seulement qu'on peut répondre à la question que j'ai indiquée, touchant la nature des vertus et des institutions républicaines et l'influence de leur ruine sur la marche de la civilisation.

A ce point de vue, le ver rongeur de la corruption, attaché au corps politique de l'ancienne Rome, ne dévore que le simulacre des Dieux impitoyables, le cadavre du patriciat farouche, et les débris de la législation draconienne, qui, pour la gloire et la prospérité de la république, autorisaient à violer, ou violaient eux-mêmes, les droits et les sentimens les plus sacrés de la nature humaine, dans la famille et dans la cité, envers les femmes et les enfans, envers les étrangers, les pauvres et les esclaves.

Pour faire accueillir, sur toute la surface de l'empire, un Dieu nouveau, un Dieu unique, père commun des hommes, et dont le Messie venait pour détruire le principe de la servitude, base politique de toutes les constitutions de l'antiquité payenne;

Pour rendre possible et efficace la propagation des idées évangéliques, fondées sur l'égalité des hommes devant Dieu ;

Pour convertir enfin le monde à la douceur, à la piété, à la fraternité universelle ;

Il fallait bien que l'incrédulité sapât préalablement les mystères et les dogmes d'une religion qui consacrait le système des deux natures, qui accumulait les faveurs du ciel et de la terre sur quelques têtes ou quelques castes privilégiées, et qui laissait sans protection divine et sans existence civile la plus grande partie de l'espèce humaine ; il fallait bien voir périr, par les ravages d'un luxe effréné et dans la fange du vice, ces vertus jusque-là incomparables, et qui consistaient à maintenir rigoureusement, avec l'inflexibilité stoïque des Brutus, des Claudius et des Caton, les prérogatives plus ou moins terribles que les mœurs et les lois primitives avaient accordées à l'homme libre sur l'esclave, au citoyen sur l'étranger, au patricien sur le plébéien, au créancier sur le débiteur, au mari sur la femme, au père sur les enfans !

Ce n'est donc pas à nous de répéter, d'une voix plaintive, les regrets solennels qui accompagnèrent, sur son déclin, l'astre éclipsé de la république romaine, et que les préjugés classiques ont perpétués jusqu'à nous, sur la foi des illustres écrivains qui, jetés au milieu d'une époque palingénésique, n'eurent qu'à souffrir du contact de la décrépitude et de la mort, sans pouvoir ressentir ni deviner les joies de la renaissance.

Ainsi, nous n'avons qu'à nous féliciter de l'impuissance de la législation impériale, puisqu'elle ne tendait qu'à remettre en vigueur une politique, une morale et une religion mourantes, dont l'humanité n'avait plus rien à attendre pour son perfectionnement, et qui étaient dès-lors condamnées à céder le sceptre du monde à une religion naissante, grosse d'une morale et d'une politique nouvelles, et sous les auspices de laquelle le progrès, qui semblait interrompu, allait reprendre son cours.

Maintenant, et puisque la situation actuelle de la société française offre incontestablement plus d'un trait de ressemblance avec celle de l'empire, sous Auguste et ses premiers successeurs, voyons si, en cette nouvelle époque de transition, nous devons espérer d'être plus heureux que les Romains, dans le rétablissement législatif des institutions dont le temps a usé le ressort, et, spécialement, dans l'accroissement de la puissance paternelle, que la révolution a si considérablement affaiblie.

Si nous prenions pour guide, en cette discussion, l'opinion de Montesquieu, la solution que nous cherchons serait bientôt trouvée. « La puissance paternelle, dit-il, se perdit à Rome avec » la république. Dans les monarchies, où l'on n'a que faire de » mœurs si pures, on veut que chacun vive sous la puissance des » magistrats. » A ce compte, nous n'aurions pas encore besoin de songer à étendre le pouvoir du chef de famille.

Mais, quel que soit notre respect pour l'autorité de l'immortel auteur de l'*Esprit des Lois*, nous ne pouvons oublier que ce fut sous les rois que l'omnipotence du père de famille s'établit à Rome, et qu'elle s'y maintint avec le plus de vigueur et de sévérité. Nous ajouterons que si elle se perdit ensuite avec la république, c'est que la chute du système républicain ne fut que le résultat et l'expression de la ruine des principes moraux et religieux qui servaient de base et d'appui à tous les pouvoirs et à toutes les institutions; c'est que la puissance du père, comme celle des magistrats et des lois, dut partager le destin de l'ordre social dont elle formait l'une des parties constitutives et des conditions essentielles. La forme politique seule n'aurait point ébranlé, en tombant, la souveraineté domestique, si les croyances sociales fussent restées debout. Dans ce cas, le pouvoir paternel n'aurait pas été plus compromis par le passage de la république à la monarchie, qu'il ne l'avait été primitivement par le passage de la monarchie à la république. Rappelons-nous d'ailleurs ce qui est arrivé parmi nous : la puissance du chef de famille s'y est maintenue intacte pendant quatorze cents ans, sous trois races de rois, et c'est avec la monarchie qu'elle s'est perdue, et par la république qu'elle a péri.

La distinction établie par Montesquieu ne peut donc pas nous guider dans cette discussion. Ce n'est ni le nom, ni la forme du gouvernement, mais plutôt l'état de la société qu'il faut consulter, pour savoir s'il y a nécessité, et partant possibilité, de restituer législativement aux chefs de famille une partie de l'ancienne puissance dont ils ont été dépouillés par le code civil.

Eh bien! quel est cet état social, au fond duquel se trouve la solution que nous cherchons?

Cet état, je l'ai déjà dit, présente un caractère frappant d'analogie avec la situation de la société romaine, à la fin de la république et sous les premiers empereurs. Il y a dissemblance sans doute dans les détails et les accidens de la dissolution sociale, dans la manière dont elle s'opère, dans les idées, les intérêts et les physionomies qui sont en jeu; mais il y a ressemblance parfaite sous le rapport abstrait : l'aspect général des deux époques est le même. C'est toujours une société qui a perdu ses Dieux et ses institutions, qui les a laissés bien loin derrière elle, qui a remplacé par le sarcasme philosophique le respect religieux qu'elle accordait à ses magistrats et à ses prêtres, et qui s'est débarrassée de ses vieilles affections et de ses antiques croyances, parce qu'elles ne pouvaient plus que la gêner dans sa marche. C'est toujours une aggrégation d'individus que cette absence de communauté religieuse et morale isole complètement les uns des autres, et qu'elle livre à toutes les exigences de la personnalité, pour les laisser tomber, faute d'appui, sous l'influence corruptrice d'un scepticisme universel.

Dans une pareille situation, quand l'athéisme, instrument lui-même de la providence, pulvérise et décompose tout ce qu'il y eut de grand, de noble et de saint dans le passé; quand le doute a fait mettre en état de suspicion la puissance divine et l'autorité humaine, et que le prestige si long-temps salutaire qui entoura les antiques pouvoirs, ne peut plus les défendre contre les hardiesses de la raison; que ferait une loi, pour si habilement ouvrée qu'on la suppose, qui relèverait coërcitivement les pères de leur déchéance, alors que le trône paternel ne pourrait plus retrouver dans nos mœurs et dans nos idées la base religieuse des anciens jours? alors que l'esprit d'indépendance agite le foyer domestique comme le temple et la cité, et que les enfans, philosophes-nés et tribuns précoces, continueraient de raisonner contre l'absolutisme restauré du chef de famille, avec non moins d'audace que contre les restaurations sacerdotales et politiques?

Que l'on y songe bien : si, comme l'a dit M. Guizot, c'est le pouvoir qui est en danger et qui a besoin de secours, ce n'est pas en lui rendant quelques tronçons de la vieille armure qui souleva les peuples contre lui, qu'on parviendra à le sauver. Cette observation s'applique à l'autorité privée, comme à l'autorité publique. Sans contredit, pour quiconque voit au fond des choses et ne s'arrête pas aux clameurs de la foule, il y a justice et nécessité de reconnaître que, chez les nations les plus avancées, et surtout depuis un demi-siècle, le pouvoir, obligé de défendre péniblement son crédit et son existence, et réduit à lutter sans cesse, ici contre l'insulte et la haine, là contre l'outrage et la révolte, partout contre le soupçon et la méfiance, a quelque droit à la sollicitude des publicistes et des hommes d'état. Oui, c'est l'esprit d'autorité qui est en décadence, et c'est l'esprit de liberté qui se propage et se fortifie; et tout le monde sait que l'un n'est pas moins nécessaire que l'autre à l'établissement et au maintien de l'économie sociale; tout le monde sait que la liberté a besoin d'être protégée contre la tendance anarchique des petites passions et des intelligences inférieures, autant que l'autorité contre la tendance envahissante et despotique de ses dépositaires à larges vues et à vastes prétentions; et qu'il est évident dès-lors que la liberté et l'autorité devant se prémunir réciproquement contre les excès de leur propre principe, si l'une d'elles tombe dans l'avilissement et l'impuissance, l'autre risque de périr, faute de surveillance et d'appui, dans une incontinence d'arbitraire ou dans un débordement démagogique. Mais nous avons indiqué la cause de la défaveur et des préventions hostiles que l'esprit d'autorité rencontre là où il obtenait anciennement la soumission et le respect les plus absolus; nous avons dit pourquoi son frein est repoussé avec aigreur, ou supporté avec impatience, de quelque part qu'il vienne, de la terre ou du ciel, de la magistrature ou du sacerdoce, des parens ou des maîtres. La société, depuis trois siècles, a été forcée, pour ne pas interrompre son éducation progressive, de désobéir à ses antiques précepteurs dont la science était arrivée à ses dernières limites : elle a dû marcher en avant, en dépit de ses guides, qui s'obstinaient à la retenir dans l'ornière des sentiers battus, à défaut de pouvoir la conduire dans les routes nouvelles que la philosophie moderne venait d'ouvrir à l'esprit humain. L'indiscipline et la révolte des inférieurs n'ont donc été que le produit de l'insuffisance rationnelle ou de l'inaptitude gouvernementale des supérieurs. Sans doute cet état d'insubordination n'est pas normal pour les peuples, et la cause du progrès qu'il a si bien servie en ruinant la force et le crédit des institutions stationnaires ou rétrogrades, serait bientôt compromise par l'ajournement trop prolongé de la réhabilitation morale du pouvoir. Mais ce ne serait pas travailler à cette grande œuvre, ce ne serait pas agir dans le sens et le but de cette restauration si importante et si difficile, que de s'évertuer à rendre au pouvoir les allures, les formes ou les prérogatives contre lesquelles il y a eu, pendant trois cents ans, protestation incessante; protestation qui, après avoir commencé par l'insurrection des intelligences, a fini par établir, en Europe et en Amérique, la permanence des agitations populaires et la fréquence des révolutions. En effet, plus on permettrait à l'esprit d'autorité de ressusciter les doctrines et d'évoquer les auxiliaires qui l'ont fait honnir et repousser avec tant de persévérance; plus on le laisserait exhumer les lambeaux du vieil apanage qui le rendit odieux, et dont il fut dépouillé par le concours providentiel de la pensée et de la force; plus on l'aiderait à redevenir ce qu'il fut, et plus on aggraverait les dangers et les misères de sa position, et plus on l'exposerait à l'irritation et aux exigences de l'esprit de liberté; c'est-à-dire qu'en voulant revenir à l'ordre et raffermir le pouvoir par des moyens usés et discrédités, on ne ferait que raviver la cause première du désordre et que stimuler le principe révolutionnaire à reprendre l'ardeur juvénile, l'audace et la violence des jours orageux où on le vit poursuivre à outrance, renverser et flétrir le pouvoir, comme illégitime et insupportable.

Ces réflexions, je le répète, s'appliquent au pouvoir pris dans son acception la plus générale et dans quelque sphère qu'il s'exerce, sans distinction entre le père et le précepteur, entre le magistrat et le prêtre, entre le temporel et le spirituel, entre la monarchie et la république.

Les restaurations sont donc condamnées partout à l'insuccès, dans l'enceinte du foyer domestique, comme dans les chancelleries, les universités, les palais et les temples. Si vous réformez le code pour étendre la puissance paternelle, selon que le réclamait en 1815 un noble et zélé partisan de la rétrogradation, votre législation, privée de ciment religieux et moral, n'obtiendra pas plus d'efficacité, ni un meilleur accueil, que les fameuses lois du *sacrilége* et du *droit d'aînesse*. Ce sera un fragment de voûte péniblement exhaussé sur la poussière du reste de l'édifice, et qui s'affaissera bientôt sans avoir pu servir d'abri à un seul chef de famille contre l'insubordination de ses enfans. Songez que vous vivez au milieu de générations qui trouvent déjà trop lourd le joug insignifiant qui pèse sur elles, et qui sont disposées, par toutes les circonstances de leur éducation publique et privée, à exagérer, dans la pratique, plutôt qu'à tempérer, les idées et les sentimens d'indépendance. La hiérarchie domestique, quoique un peu plus ménagée et respectée que les autres branches de l'ancienne organisation sociale, à cause de l'appui inébranlable que lui prête la nature; la hiérarchie domestique, comme je le disais tout à l'heure, a rencontré aussi en face d'elle des frondeurs qui l'ont reniée et brisée. Toute tentative de restauration en sa faveur serait impuissante et dangereuse; elle ne produirait pas des insurrections et des révolutions nationales, mais elle multiplierait les chances de discorde et de trouble dans les familles, en excitant les pères à se montrer plus inflexibles et plus sévères, et en les poussant ainsi à provoquer imprudemment un redoublement d'indocilité de la part des fils. Là où l'impatience du frein paternel s'arrête aujourd'hui à l'irrévérence, vous la verriez aller souvent jusqu'à l'outrage, peut-être jusqu'au crime, si les résistances invincibles que vous rencontreriez de tout côté ne vous forçaient d'abroger, dès le lendemain même de sa promulgation, une mesure législative, trop incompatible avec les mœurs actuelles pour ne pas devenir quelquefois funeste, et pour ne pas rester à jamais infructueuse.

Faut-il se plaindre maintenant de cette loi suprême qui domine le législateur lui-même, et qui lui interdit de réparer les brèches que la révolution a faites à la puissance paternelle ? Devons-nous gémir, à notre tour, sur l'affaiblissement de la morale domestique, comme sur le relâchement de tous les autres liens sociaux ?

Nous avons refusé naguère de nous associer aux regrets énergiques et amers que les auteurs latins ont exprimés sur la perte irrévocable des institutions et des mœurs de la république romaine, parce que, l'œil fixé sur l'histoire, nous avions vu sortir de la poussière des vertus payennes et des ruines du Capitole la pensée régénératrice qui a soumis le monde au Vatican, et qui a donné au moyen-âge, sous le rapport philantropique, une supériorité si incontestable sur l'antiquité.

Nos lamentations, sur l'ébranlement des croyances et des pouvoirs sociaux, et sur l'impossibilité de fortifier législativement la souveraineté paternelle, ne seraient donc légitimes, qu'autant que la foi et l'autorité nous sembleraient définitivement perdues, et que, n'apercevant pas, derrière les décombres amoncelés autour de nous, le germe fécond que nous avons su découvrir sous les débris de la société romaine, nous prendrions la fin de la vieille Europe pour la dernière heure de l'humanité.

C'est assez dire que le marasme qui consume ce corps antique, s'il nous inspire parfois du dégoût, ne nous cause du moins ni affliction, ni alarme; car nous sommes de ceux qui trouvent encore trop d'imperfections sur la terre pour admettre que le terme marqué à la perfectibilité humaine soit désormais atteint, et que le monde n'ait plus qu'à périr.

La science moderne s'est flattée pendant long-temps d'avoir renversé la base de toute croyance et de toute morale religieuse ; il lui paraissait qu'en livrant au mépris ou au doute les dogmes sacrés du moyen-âge, elle n'avait plus rien laissé à croire, à aimer et à espérer, au-delà de ses froides démonstrations, et que le rationnalisme le plus rigoureux et le plus sec régirait mécaniquement la société de l'avenir.

La science avait été dupe déjà d'une illusion semblable dans les temps anciens ; elle s'était imaginé aussi, aux beaux jours du lycée, de l'académie et du musée alexandrin, que l'Olympe une fois dépeuplé par la philosophie, le ciel resterait éternellement vide, et que le septicisme serait définitivement intrônisé, comme le dernier mot et la plus haute expression de l'intelligence et de la sagesse humaine.

La providence fit justice de cette prétention. Elle condamna la vanité sceptique de la Grèce et de Rome à engendrer des croyans, et la foi dressa aussitôt l'humble table de la communion chrétienne, là où l'incrédulité s'était promis de perpétuer le faste de ses banquets philosophiques.

Des croyans succéderont aussi aux esprits forts du XVIIIme siècle. Le génie de l'homme ne s'arrêtera pas plus au criticisme sérieux de Bayle, ou au doute moqueur de Voltaire, qu'il ne s'est borné aux sophismes et aux subtilités de Zénon et de Carnéades.

Une tendance religieuse s'est déjà manifestée. Les puissances intellectuelles, impies dans le dernier siècle, ont besoin de croire en celui-ci. Benjamin-Constant, Châteaubriand, Lamennais, Béranger et Lamartine ont laissé Byron, dans la solitude, se faire le poète de la fatalité, et ils ont tous rendu témoignage de la marche providentielle de l'humanité vers un ordre social, dont l'anarchie elle-même n'est que la préparation.

La renaissance de la foi sera lente sans doute, parce que, comme le disait très-bien un orateur politique, il y a peu de jours, *on n'improvise pas des croyans comme des bacheliers*. Mais c'est une chose remarquable, et qui constate un progrès important, que cet orateur, au milieu d'une assemblée issue du principe révolutionnaire et presque entièrement composée de libéraux, ait pu dire, à la tribune, sans provoquer ni rires, ni murmures, qu'il n'y avait point de bonne éducation possible sans l'intervention des idées religieuses, et que la foi était prête à renaître. Un pareil discours, dans les premiers temps de la restauration, n'aurait paru que le produit de l'impulsion rétrograde qu'on essayait alors de donner aux esprits, et le libéralisme n'eût pas accueilli le langage de M. Muret de Bort avec plus de faveur que celui de M. le comte de Marcellus.

Ce n'est pas le moment d'examiner sous quels auspices et sous

quelle forme s'accomplira la grande réconciliation qui s'annonce entre la raison humaine et la providence divine. Tenons-nous-en à la double hypothèse posée, depuis quarante ans, par de Maistre. « Lorsque je considère, dit-il, l'affaiblissement général des prin-
» cipes moraux, la divergence des opinions, l'ébranlement des
» souverainetés qui manquent de base, l'immensité de nos
» besoins et l'inanité de nos moyens, il me semble que tout
» vrai philosophe doit opter entre ces deux hypothèses, ou qu'il
» va se former une nouvelle religion, ou que le christianisme
» sera rajeuni de quelque manière extraordinaire. » Nous ajouterons seulement que ces deux hypothèses peuvent rentrer facilement l'une dans l'autre et n'en plus faire qu'une. En effet, si le christianisme se modifie et se transforme autant que l'exigeront les mœurs, les idées et les intérêts nouveaux, pour qu'il puisse reconquérir la confiance et le respect des peuples, on pourra le considérer comme une religion nouvelle; de même qu'une nouvelle religion qui, sous un autre nom, remplirait les mêmes conditions de concordance avec les besoins moraux et matériels des sociétés modernes, ne serait au fond que la continuation progressive de l'ancienne religion, que le développement de la pensée évangélique et le complément du christianisme.

Quoi qu'il en soit, tant que cette rénovation n'existera que dans la vue prophétique de quelques précurseurs, ou dans les vagues pressentimens des esprits avancés, qui commencent à se trouver mal à l'aise dans l'individualisme et dans le doute, le législateur, réduit aux moyens coërcitifs et ne pouvant toucher qu'avec une main de fer aux intérêts moraux, fera sagement de procéder avec circonspection et réserve, et d'appliquer plus spécialement sa sollicitude et sa puissance expérimentale aux intérêts matériels. Ce serait sans succès, et non sans danger, qu'il tenterait de relever, sur une base d'airain, un pouvoir qui ne doit avoir de sanction que dans l'affection spontanée et dans la soumission religieuse de ceux qu'il est destiné à dominer et à régir. N'oublions pas d'ailleurs que l'esprit d'insubordination qui a envahi le foyer domestique, quelque scandale qu'il cause parfois, est lui-même un agent nécessaire de la régénération qui fait l'objet de nos efforts et de nos vœux. Certes, si cette régénération ne devait être que la reproduction du passé, il faudrait se presser de mettre fin à l'indiscipline filiale et de rétablir l'autorité paternelle, parce que les pères savent mieux le passé que les fils, et qu'ils seraient ainsi plus aptes qu'eux à une restauration de ce genre. Mais si, au contraire, la réorganisation que poursuit l'esprit humain ne peut pas être la réhabilitation des croyances que l'esprit humain a désertées et des institutions qu'il a maudites, il faut bien que la parole du père, écho de la parole et des préjugés des aïeux, cesse d'être considérée comme une autorité infaillible. Aux époques de transition et de renouvellement, comme la nôtre, quand l'idée de chaque jour emporte ou efface l'idée de la veille, et que la sagesse consiste à prévoir et à s'approprier celle du lendemain, que peut faire l'expérience, habituée à marcher à tâtons et à regarder toujours en arrière? Dans une telle situation, l'expérience perd ses droits au commandement, parce qu'il s'agit moins alors, pour être habile à gouverner, d'avoir pratiqué long-temps les vieilles théories, que de saisir, par un mouvement rapide de l'intelligence, les symptômes d'avenir renfermés dans les théories contemporaines, et d'accepter hardiment les nouveautés journalières qui font l'essence de la société actuelle et qui contiennent le germe de la société future. L'autorité des anciens, routinière et conservatrice de sa nature, deviendrait funeste au progrès, si elle était toujours scrupuleusement obéie. Ce n'est qu'en s'essayant à penser et à agir autrement que les chefs de famille, que les enfans se sont dépouillés de l'ignorance et de la barbarie des premiers âges : sans cette généreuse désobéissance, nous ne connaîtrions pas d'autre droit des gens que l'antropophagie, et nous la respecterions encore comme la plus ancienne tradition du genre humain.

Lorsque Colomb, averti par ses inspirations de l'existence d'un nouveau monde, se mit à le chercher, à travers mille obstacles, sur des mers lointaines et inconnues, il ne prit point conseil des vieux caboteurs de Cadix, de Gênes ou de Venise, qui n'auraient pas manqué de le taxer de folie. Ce grand homme, docile à son génie, sut se passer de l'expérience et se moquer de l'opposition des pilotes et des marins de l'ancien monde, qui ne pouvaient rien lui apprendre des parages inexplorés qu'il allait parcourir, et dont quelques-uns se prévalaient sans doute, à la cour d'Isabelle, de leurs travaux et de leurs connaissances nautiques, pour parler avec mépris de l'audacieux navigateur, et pour traiter de chimère la haute et vaste conjecture dont il fit bientôt une magnifique et gigantesque réalité.

Comme Colomb, nous sommes lancés sur des mers inconnues et nous voguons vers une terre nouvelle. Seulement, nous avons encore moins à attendre que lui de l'empirisme vain et opiniâtre du vieux monde. Quelque aventureuse, en effet, que fût son entreprise, il n'avait point dit, lui, un éternel adieu aux plages et aux côtes de l'ancien hémisphère, et la possibilité d'un retour, plus ou moins éloigné, l'attachait par un fil au joug des préjugés, et le maintenait dans la dépendance éventuelle de la science et des mœurs de l'Europe. Nous, au contraire, nous sommes séparés irrévocablement du monde où vivaient nos ancêtres; entre eux et nous, la providence a creusé l'abîme des révolutions; cet abîme qu'on ne repasse pas comme l'océan! Leurs préceptes et leurs exemples ne pourraient donc que nous contrarier et non nous servir dans cette autre Atlantique, où nous devons pratiquer nous-mêmes et apprendre à nos enfans autre chose que ce qu'ont pratiqué et enseigné nos pères.

Et tant que nous n'aurons pas touché le sol de cette patrie nouvelle, et que nous ne pourrons parler d'elle à nos enfans que d'après nos prévisions, nos enfans n'accorderont qu'une confiance limitée à nos conseils; mais loin de nous plaindre de cette velléité d'indépendance, souvenons-nous qu'elle fut reprochée à notre propre jeunesse par des vieillards qui n'en pouvaient comprendre la justification philosophique, ni la nécessité providentielle, et gardons-nous de trop nous prévaloir, à notre tour, des avantages de l'âge et de la maturité, pour comprimer la hardiesse intellectuelle et l'enthousiasme des générations qui nous suivent, car elles tiennent moins que nous au passé qu'il faut oublier et beaucoup plus à l'avenir qu'il faut savoir.

L'un des obstacles les plus difficiles à surmonter qu'ait rencontrés le génie de l'avancement, pour me servir de l'expression de M. Ballanche, c'est le préjugé long-temps enraciné qui décidait de la destinée d'un homme, non pas d'après son aptitude native, ses penchans et ses goûts, mais selon les vues, les habitudes et les arrangemens de sa famille. Pour maintenir ce classement arbitraire et irrationnel, la loi politique et l'autorité paternelle se prêtèrent un mutuel appui. Non-seulement il y eut des familles toujours puissantes et des familles toujours misérables, mais dans ces familles, de position si différente, les pères usèrent également de leur pouvoir pour perpétuer le *statu quo*. Les nobles et les riches, qui s'indignaient sans doute en lisant dans l'histoire comment les Spartiates se débarrassaient de leurs enfans débiles, s'empressaient de livrer eux-mêmes leurs filles aux rigueurs du cloître et leurs cadets aux chances meurtrières du métier des armes, pour conserver sur la tête de leur aîné la fortune et la considération de la famille. D'un autre côté, les pauvres artisans et les laboureurs, résignés à leur sort, recommandaient à leurs enfans de ne pas chercher à sortir de leur rang, et ils se montraient jaloux aussi et même fiers de compter dans leur race une suite de générations asservies au même genre de travail. Cette transmission héréditaire de la profession, que l'illustre auteur du *Discours sur l'histoire universelle* a tant louée chez les anciens peuples, fut tellement respectée dans les sociétés modernes, que les individus qui voulurent s'y soustraire, ou qui osèrent choisir un état d'après leurs propres inspirations et contrairement aux désirs paternels, furent regardés comme des révoltés domestiques et qualifiés de *mauvaises têtes*. Admirez pourtant les voies mystérieuses de la providence ! C'est par les mauvaises têtes qu'elle a renversé l'immutabilité professionnelle que l'esprit aristocratique s'était efforcé d'établir ; c'est par les mauvaises têtes que l'intelligence a refusé de rester enchaînée à l'habitude et de se laisser étouffer dans les langes de la routine patrimoniale ; c'est par les mauvaises têtes que les grandes pensées ont été conçues et les grandes actions accomplies : l'histoire ancienne et l'histoire moderne l'attestent également.

Socrate et Pythagore, méprisant le ciseau et désertant l'atelier de leurs pères, pour aller méditer ou discourir sur la science et la philosophie, étaient de *mauvaises têtes!*

Montaigne, rebelle aux enseignemens du gymnase de Bordeaux, et devenant l'objet des plus tristes pronostics de la part de son père, à cause de ses désordres, était une *mauvaise tête!*

Montesquieu, se dérobant à l'ennui de son apprentissage de magistrat que lui imposent des convenances de famille, et secouant les préjugés, les scrupules et la timidité du légiste, pour prendre la hardiesse du philosophe dans les *Lettres persannes,* Montesquieu était une *mauvaise tête!*

Descartes, au sortir du collége de la Flèche, trouvant insupportable le séjour du toit paternel, et courant à Paris pour s'y livrer à des écarts de jeunesse, au milieu desquels il rencontre et saisit l'occasion de se lier avec les savans de l'époque et de prendre parmi eux le premier rang, Descartes était une *mauvaise tête!*

Pascal, devinant les mathématiques, en violant la défense de son père ;

Bayle, se brouillant avec le sien, qui veut même déchirer ses brillantes thèses ;

Leibnitz, abandonnant sa famille et sa ville natale, pour le refus d'un bonnet de docteur en droit ;

Spinosa, gardien suspect des traditions domestiques, embarrassant ses parens et ses maîtres et provoquant les anathêmes de la synagogue ;

Shakespeare, s'échappant de la maison paternelle pour ne pas s'assujettir à vendre de la laine, et appelant sur sa tête des poursuites criminelles pour avoir, avec des libertins de son âge, enlevé quelques daims dans le parc d'un lord ;

Locke, foulant aux pieds les doctrines et les erremens d'Oxford ;

Voltaire, se faisant embastiller à vingt ans ;

Rousseau, flagellé par son tuteur, et chassé du greffe de Genève comme inepte, pour n'avoir pas eu et montré le goût du métier ;

Tous ces grands hommes, arrivant à connaître et à développer leur génie, en s'écartant des instructions et en déclinant l'autorité et les avis de leurs parens, tous ces grands hommes furent de *mauvaises têtes!*

Nous pouvons en dire autant de Boileau, qui dédaigna la carrière lucrative du barreau, à laquelle sa famille l'avait destiné, pour se jeter dans le champ alors improductif de la poésie;

De Molière, qui aima mieux faire le *Tartuffe* et le *Misanthrope* que d'hériter de la clientelle et de la boutique de son père;

De Mirabeau, qui commença par se faire emprisonner par le sien, ce qui lui donna l'idée de son *Essai sur le despotisme*, et le prépara à devenir le plus éloquent des tribuns et le plus redoutable des serviteurs du peuple;

De Lafayette enfin, qui répudia l'orgueil héréditaire de sa maison et dissipa son patrimoine, pour aller chercher la gloire personnelle et défendre la démocratie dans les déserts de l'Amérique.

Honneur donc aux MAUVAISES TÊTES! Nous leur devons en partie ce que nous sommes, et nous pouvons dire qu'il en est d'elles comme des FOUS, que n'a pas craint de réhabiliter Béranger, cette autre *mauvaise tête*, qui abandonna son métier de typographe et sa place de commis, pour se faire chansonnier, et qui, par cette incartade, ne fit qu'obéir pourtant à la voix intérieure qui le pressait de manifester la sublime alliance qui s'était opérée en lui entre le génie du poète et l'audace du philosophe.

Cependant, il faut l'avouer, le progrès qui s'accomplit par le désordre et dans le désordre présente un aspect à certains égards trop repoussant, pour que l'on ne doive pas s'efforcer de régulariser sa marche. Ce n'est point par l'indiscipline et la révolte que le mérite et les talens doivent trouver définitivement dans la société la place que leur a marquée la nature. Un jour viendra sans doute où l'autorité publique, plus éclairée et plus puissante que l'autorité paternelle, se chargera de faire jouir des bienfaits d'une éducation commune tous les enfans d'une même patrie. Alors, poursuivant son œuvre, l'État, dans sa suprême intelligence, pourra intervenir efficacement dans le jugement des vocations, afin que nul de ses membres ne soit victime des calculs mesquins ou de l'affection aveugle d'un chef de famille et que chacun d'eux soit aidé contre les exigences et les erreurs paternelles dans le développement des facultés que Dieu lui aura départies. Alors l'élévation du fils ne s'accomplira plus au préjudice de la paix domestique, parce que le père aura lui-même appris de bonne heure à subordonner sa sollicitude et ses lumières particulières à la sollicitude et aux lumières des pouvoirs sociaux.

Si c'est bien là que nous marchons (et tout nous dit que telle est en effet notre tendance), pourquoi songerions-nous à renforcer un pouvoir dont l'affaiblissement ne fait qu'aplanir les voies au vaste système d'éducation nationale que rêva la philosophie, que pressentirent nos assemblées nationales, et que nos neveux réaliseront sans aucun doute? Pourquoi chercherions-nous à étendre et à fortifier une autorité dont l'influence, tour à tour protectrice des croyances du passé ou du scepticisme contemporain, s'exercerait presque toujours à l'encontre de la religiosité de l'avenir?

N'imitons pas ces nobles champions de l'ancien régime qui, prenant la grande révolution de 1789 pour une émeute passagère, s'imaginèrent, en 1814, que tout ce qu'elle avait consacré ou produit, principes et intérêts, n'ayant qu'un caractère accidentel et manquant de raison lointaine et légitime, pouvait être impunément écarté des combinaisons politiques et anéanti par l'esprit réactionnaire.

L'insubordination filiale n'est pas plus le résultat d'une effervescence momentanée et des travers d'un jour, que l'insurrection populaire ne fut, en Angleterre, en France et ailleurs, un simple acte de mutinerie. Ce double phénomène a sa cause profonde et permanente dans l'impulsion progressive que le moteur de toutes choses a communiquée à l'espèce humaine. Dieu, qui ne voulait pas qu'une seule et même idée enlaçât étroitement toutes les générations, dut marquer des jours où le disciple repousserait, à bon droit, les enseignemens du maître, où le fils serait poussé instinctivement à s'affranchir de la dépendance paternelle, où le citoyen résisterait légitimement aux prétentions traditionnelles de l'autorité publique. L'un de ces jours, je le répète, se leva il y a trois cents ans sur l'Europe, et, malgré sa longue durée, il n'est pas encore partout à son déclin. Au lieu de nier ou de fuir sa lumière qui, comme l'éclair, remplit une atmosphère souvent orageuse, servons-nous-en pour bien voir et pour bien déterminer où nous sommes. Elle nous découvrira que les pères, à qui la nature garantit d'ailleurs la perpétuité de leurs droits au respect et à l'affection de leurs fils, ont été providentiellement dépouillés de celles de leurs prérogatives qui étaient incompatibles avec les idées et les mœurs du temps nouveau, et que dès-lors cette déchéance n'est pas moins irrévocable que celle des grands et des docteurs du temps passé.

www.ingramcontent.com/pod-product-compliance
Lightning Source LLC
Chambersburg PA
CBHW061521040426
42450CB00008B/1734